I0000239

LA VÉRITÉ

SUR LE

LIBRE-ÉCHANGE

ET LES

TRAITÉS DE COMMERCE

PAR

A. ROGER

ANCIEN PRÉSIDENT DU COMITÉ DES FILS ET TISSUS

A LA SOCIÉTÉ INDUSTRIELLE D'AMIENS

AMIENS

IMPRIMERIE ET LITHOGRAPHIE DE T. JEUNET

47, — RUE DES CAPUCINS, — 47

—

1869

V

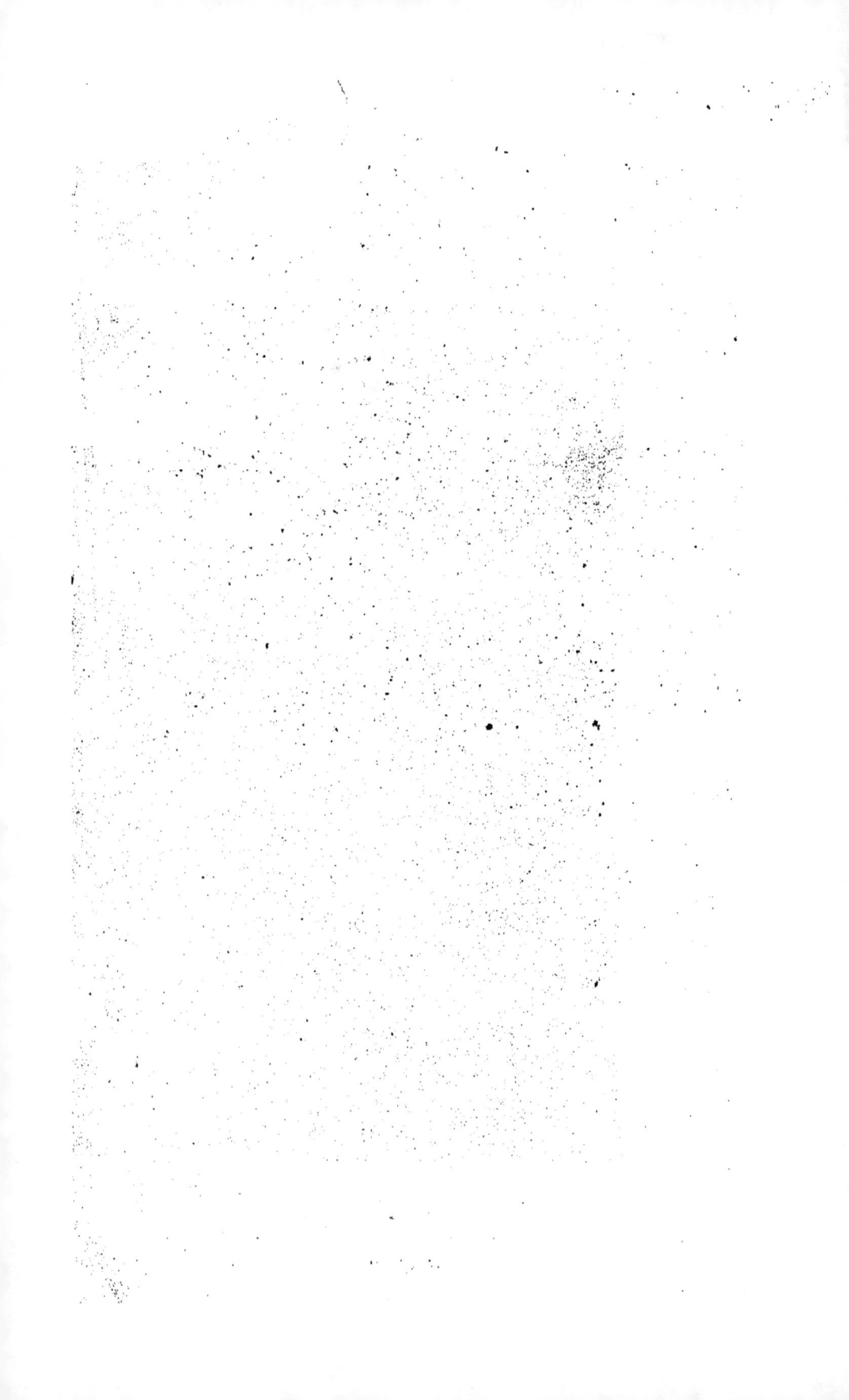

LA VÉRITÉ

SUR LE

LIBRE-ÉCHANGE

ET LES

TRAITÉS DE COMMERCE

Le Gouvernement s'est mépris sur les résultats que
devaient produire les traités de commerce.

Les manufacturiers français ont été induits en erreur
sur les conséquences de l'introduction des marchandises étrangères, sur les moyens de soutenir la concurrence, et, faute d'examen suffisant,
ils ont aggravé le mal et, en partie, créé leur
position désastreuse.

L'Angleterre, par le traité de 1860, a été déçue. Elle
n'a point obtenu ce qu'elle désirait, parce qu'elle
ne s'est pas suffisamment rendu compte des
besoins de notre marché, de sa nature, de ses
exigences, et des nécessités de notre position
manufacturière.

CHAPITRE I.

Économie commerciale et Libre-Échange.

Avant d'aborder la discussion, ou plutôt de faire une disserta-
tion sur l'épigraphe de ce mémoire, d'en déterminer les conséquences et de formuler une conclusion, j'ai pensé qu'il était nécessaire d'émettre quelques appréciations sur l'économie commerciale,
le libre-échange et les traités internationaux, considérés au point
de vue spécial des intérêts du commerce et de l'industrie française.

L'économie politique est une des fractions les plus importantes
de la politique proprement dite; c'est la science de la création,
du développement et de la conservation de la richesse et un
bien-être national.

L'économie industrielle et commerciale est évidemment la partie

la plus intéressante de l'économie politique, parce qu'elle a pour objet de protéger l'industrie, le commerce, l'agriculture, le salaire, l'épargne, l'échange, la consommation, en un mot, de sauvegarder tout ce qui touche à l'existence du travailleur, du commerçant et de l'industriel.

Les économistes commettent souvent une erreur fort grave et trop accréditée, en supposant que la liberté commerciale et la liberté politique et du travail sont solidaires ; rien cependant n'est moins fondé qu'une telle croyance, et la preuve la plus certaine produite à l'appui de cette assertion, c'est que l'Amérique, considérée à juste titre comme la nation libre par excellence, n'hésite point, en ce moment, à mettre en pratique la protection commerciale la plus rigoureuse, pour favoriser la création et le développement de son industrie nationale ; et elle est dans la vérité, car l'or et l'étendue du sol sont insuffisants pour procurer le bien-être ; ce sont le travail et l'épargne seulement qui constituent la prospérité générale et la richesse des peuples civilisés.

Le libre-échange ne peut avoir aucun rapport ni avec la liberté polique et sociale, ni avec la liberté du travail.

La liberté politique et sociale, c'est le droit pour la nation de gérer elle-même, au profit de l'intérêt général, ses finances, sa politique, son agriculture, son industrie et toutes les institutions sur lesquelles reposent les ressources, la prospérité, l'existence et le bien-être du pays.

La liberté du travail en France n'est plus à conquérir ; nous la possédons avec toutes les autres franchises sociales depuis 1789 ; elle nous a été acquise par l'abolition des priviléges, des maîtrises et des jurandes.

Le libre-échange n'a rien à faire dans la liberté du travail ; est-ce que nous ne sommes pas libres d'entreprendre toute espèce d'industrie et de commerce ? est-ce que chaque individu n'a pas le droit de pratiquer le métier qu'il préfère ? l'ouvrier et le patron ne sont-ils pas égaux devant la loi ? ne peuvent-ils pas librement produire et discuter leurs griefs, et faire prévaloir également la justice et la raison ?

Loin d'être la liberté politique et commerciale, le libre-échange, au contraire, serait l'oppression des travailleurs obligés d'abandonner une partie de la main-d'œuvre et du salaire aux importateurs de marchandises étrangères.

Le libre-échange ne pourrait rien nous donner que nous n'ayons déjà ; mais il nous rendrait solidaires des fautes et des exagérations de la production de nos concurrents, et tributaires des nations fabriquant à meilleur marché que nous.

Le libre-échange est une modification de tarifs et de conventions internationales, mais il ne peut être considéré comme une liberté commerciale ; parce que la liberté, c'est l'égalité pour tous ; tandis que le libre-échange serait le profit pour les uns, l'asservissement et la ruine pour les autres.

Le libre-échange donnerait à l'Angleterre, à la Suisse, à l'Allemagne et aux autres puissances fabriquant à plus bas prix que nous, le droit d'envahir notre marché, et il obligerait notre commerce et notre industrie à subir l'introduction des produits étrangers, à diminuer les affaires, et à supprimer une partie du travail.

Il est on ne peut plus surprenant que des hommes sérieux, revendiquant à chaque occasion l'honneur de défendre les libertés populaires, ne se soient pas donné la peine, avant de prêter leur appui au projet du libre-échange, d'en étudier plus attentivement la base, les éléments et les conséquences, afin de ne pas commettre cette déplorable confusion, d'apporter leur concours à un système qui, sous l'apparence et le nom impropre de la liberté commerciale, ne tendrait à rien moins qu'à la restriction du travail, à l'amoindrissement et à la suppression du salaire.

Le devoir le plus sacré d'un peuple libéral, c'est de veiller au développement et à la conservation du travail national.

Pour l'homme libre et honorable, le premier de tous les besoins, c'est la vie par le travail.

Sans travail il n'y a point de liberté.

Le travail, avant tout, doit être assuré et sauvegardé. Pour consentir à ce qu'il soit amoindri ou sacrifié, il faudrait un péril extrême, que la dignité de la nation fût compromise, ou que l'honneur fît un devoir indispensable d'accepter des conditions aussi rigoureuses.

Les principes rationnels de l'économie politique commerciale ne doivent jamais être en opposition avec les intérêts nationaux.

Pour faire de l'économie commerciale pratique, il ne faut pas se borner seulement à posséder la théorie, il faut encore avoir acquis par l'expérience les connaissances du commerce, de la législation commerciale, des rapports internationaux, des besoins de l'industrie motivés par les exigences de l'époque et la position géographique ; en un mot, il faut connaître tout ce qui se rattachant au travail, à l'industrie et au commerce, peut aider à leur progrès, à leur prospérité, ou entraver leur marche et provoquer leur décadence.

Il a fallu soixante années de protection rigoureuse et de bonne administration, pour créer notre industrie ; mais il suffirait d'une convention internationale mal rédigée, pour anéantir le produit des sacrifices et des efforts intelligents de deux générations consécutives de travailleurs.

Napoléon Ier disait à propos du libre-échange : « S'il y avait un « royaume de granit, les idéalités des économistes l'auraient bien- « tôt réduit en poussière. »

L'un des hommes les plus célèbres de notre époque a dit à la « tribune : « Napoléon III, avant qu'il fût empereur, a écrit : « Si en France les partisans de la liberté commerciale mettaient « en pratique leurs fausses théories, la France perdrait 2 mil- « liards, et 2 millions d'ouvriers se trouveraient sans travail. » (Thiers, Corps législatif, 13 mai 1868.)

On ne fait pas d'économie commerciale d'instinct ; ce n'est pas avec les phrases répétées à satiété de : l'union des peuples, renversement des barrières, abolition des prohibitions, libre concurrence, vie à bon marché et tant d'autres belles choses du même genre, à l'usage des économistes de cabinet, qu'on élève des fabriques, qu'on soutient le commerce et qu'on donne la vie aux travailleurs. Si les gouvernements qui se sont succédé depuis le commencement de notre siècle s'étaient payés de ces billevesées, aussi creuses que sonores, notre commerce et notre industrie seraient aujourd'hui au niveau de ceux de l'Italie, de l'Espagne et du Portugal.

Napoléon Ier, avec la sûreté de vue qu'il possédait dans cette matière, appréciait parfaitement que, pour élever la France au premier rang des nations civilisées, il ne suffisait pas qu'elle fût guerrière, vinicole, agricole et savante, mais qu'il fallait encore qu'elle fût manufacturière et commerciale ; c'est principalement pour atteindre ce but qu'il décréta le blocus continental.

Emile Bégin, dans son *Histoire de Napoléon Ier*, dit : « On s'effrayait du blocus continental ; un acte si grave dépassait la portée d'intelligence des hommes vulgaires, et il semblait si démesurément audacieux, qu'il fallut vingt-cinq ans pour justifier l'Empereur de l'avoir établi. Ceux mêmes qui l'approuvèrent en 1806 le firent sans conviction, dominés par l'admiration aveugle qu'inspirait le monarque. Mais, en nous privant des provenances étrangères, en nous affranchissant d'un tribut annuel qui témoignait, sous certains rapports, de notre infériorité manufacturière, Napoléon voulait développer d'autant l'industrie nationale. « Cette « industrie, disait-il, est une nouvelle propriété qu'il faut culti- « ver, favoriser, agrandir. » Pour y parvenir, il institua des prix d'encouragement de 20, de 40,000 fr., même d'un million.

A propos du blocus, l'Empereur disait à Sainte-Hélène : « On « m'a blâmé, on me blâme encore ; eh bien ! si nous vivons encore « dix ans, vous verrez les mêmes hommes qui me blâment aujour- « d'hui ressusciter, sous une dénomination quelconque, le blocus « continental. L'industrie manufacturière d'Allemagne, comme « celle de la France, ne peut croître sans protection, et il lui « faut des années de protection pour qu'elle acquierre la faculté « de lutter en rivale avec l'industrie anglaise. »

Pour atteindre le but désiré par Napoléon Ier, il fallait seulement, à son époque, que les manufacturiers élevassent des filatures et des tissages, et les industriels, des hauts-fourneaux et des fabriques de fer. Aujourd'hui ce programme ne serait plus suffisant ; nos besoins exigent que la mine nous fournisse le charbon de terre, et que le sol produise la betterave, les plantes oléagineuses et les matières textiles dont, il y a quinze ans à peine, une grande partie nous était encore livrée par la production étrangère.

Les économistes commerciaux se partagent en trois classes :

1° Les prohibitionnistes repoussant tous les produits similaires à ceux de la fabrication indigène, et frappant les autres de droits plus ou moins considérables. C'est le système pratiqué depuis le commencement de notre siècle, jusqu'aux traités de 1860, à l'abri et sous la protection duquel se sont créées et ont grandi nos manufactures et l'industrie française ;

2° Les échangistes-protectionnistes acceptant, sans restriction, toutes les espèces de marchandises fabriquées à l'étranger, mais en les frappant de droits suffisants, afin d'équilibrer leurs prix de revient avec ceux de la production nationale. C'est la loi mise en vigueur depuis 1860, qui nous régit en ce moment, et dont plus loin je démontrerai les résultats fâcheux, en indiquant quelques moyens pour atténuer ses imperfections ;

3° Les libres-échangistes radicaux, économistes de l'avenir, dont le système repose sur la suppression générale des douanes et des barrières, afin de donner à tous les peuples la facilité de se procurer, les uns chez les autres, les produits du sol et du travail revenant aux prix les moins élevés. Les adeptes de cette théorie ne tiennent aucun compte ni de la position géographique, ni des circonstances particulières, ni des obligations absolues pesant sur les prix de revient : ils n'admettent qu'une chose unique, le prix coûtant, et, suivant leur système, les nations ne pouvant suivre la concurrence devront s'effacer du monde producteur et céder la place aux plus habiles ; c'est l'anéantissement des peuples manufacturiers placés dans des conditions défavorables. C'est le saint-simonisme appliqué au gouvernement du travail : « à chacun selon « sa capacité et à chaque capacité selon ses œuvres. » C'est-à-dire, l'abaissement et la suppression des faibles par l'envahissement et l'oppression des forts.

Si ce système économique était mis à exécution, voici quels en seraient les résultats : L'Angleterre, mieux placée, plus grandement outillée que la France, nous enverrait, à peu d'exception près, les marchandises fabriquées nécessaires à notre consommation. Nous lui expédierions en échange les produits du sol, les bestiaux, les volailles, les fruits, les légumes et beaucoup d'autres matières nutritives. Les conséquences inévitables de ce trafic auraient pour effets immédiats de diminuer notre production industrielle, d'abaisser le prix de la main-d'œuvre, d'augmenter celui des matières alimentaires et de supprimer une grande quantité de nos manufactures.

Dans l'hypothèse de la suppression d'une partie de l'industrie, il serait rationnel de demander à MM. les libres-échangistes, ce qu'ils comptent faire de nos manufacturiers et de leurs ouvriers, et s'ils supposent que ces hommes actifs et intelligents consentiraient à assister passivement à la mise à exécution des théories aventureuses du libre-échange, et à soutenir une concurrence impossible, jusqu'à la ruine complète ? ou s'il n'est pas probable, plutôt, qu'ils s'empresseraient d'abandonner leurs usines et leurs manufactures pour se faire cultivateurs ; si toutefois cette branche d'industrie offrait encore quelques chances de conservation et de bénéfice.

Quant à ce qui serait réservé à la classe ouvrière industrielle, je ne veux point aborder ce sujet ; je laisse à la sagacité des hommes de bon sens à apprécier quelle serait sa position dans ce désastre. Je ne veux pas non plus essayer de prévoir ce que deviendrait l'agriculture, lorsque surchargée d'un personnel industriel, venant lui faire concurrence, elle serait encore obligée de pourvoir au soutien et à l'emploi de masses ouvrières impropres au travail de la terre.

Mais là seulement ne devraient pas se borner les embarras des agriculteurs ; car la sécurité du travail du sol n'est pas plus assurée, par les libres-échangistes, que celle de la production industrielle. Suivant leur système, si la Russie, l'Amérique ou d'autres nations produisaient des céréales, des matières textiles, oléagineuses ou alimentaires à des prix inférieurs à ceux de la France, ces produits devraient, sans entrave aucune, être introduits sur notre marché. Il n'est point difficile, dans cette conjoncture, de prévoir à l'avance quel serait le sort réservé à nos cultivateurs.

Par compensation, il le faut reconnaître, l'idéal des libres-échangistes serait atteint ; nous aurions des matières nutritives, du fer, des tissus à bon marché ; mais l'agriculture, l'industrie et le commerce seraient supprimés ou amoindris, et la majeure partie de la nation, privée de salaires ou de revenus, ne pourrait profiter de ces résultats obtenus par de si grandes sacrifices.

Comme conséquence de ce rêve économique, il est absolument indispensable de poser encore une question : dans le cas où, plus tard, une rupture éclaterait entre la France et les puissances lui fournissant les produits industriels, que deviendrait notre nation privée de ses manufactures, de ses usines, de ses hauts-fourneaux et de ses ouvriers spéciaux ? Je suis trop bon patriote pour mettre en doute un seul instant que notre pays ne lutte pas avec avantage contre ses ennemis ; mais je puis raisonnablement manifester une crainte prévoyante et produire cette interrogation : Combien faudrait-il d'années et de sacrifices pour reconstituer ce qui aurait été anéanti par tant de légèreté et d'imprévoyance ?

Si plus loin encore, étendant nos prévisions, nous essayons de soulever le voile couvrant l'avenir commercial, il ne faut point être doué d'une bien grande prévoyance pour pressentir que, d'ici à peu d'années, toutes les puissances intelligentes, par la facilité des métiers à la mécanique, produiront les articles nécessaires à leur grosse consommation. Alors le commerce par l'exportation diminuera considérablement, et les nations favorisées par la position géographique et la récolte des matières premières, pourront seules exporter avantageusement l'excès de leur production manufacturière.

L'Amérique commence à prendre un rang important parmi les puissances productives ; elle possède déjà une grande quantité de broches à filer le coton et de métiers à tisser à la mécanique ; à l'abri de son système protecteur, elle augmente tous les jours le nombre de ses manufactures, et favorisée par la proximité de ses cotons du Sud, elle sera en mesure, avant qu'il soit longtemps, d'exporter ses marchandises fabriquées sur tous les marchés, et de lutter avec avantage, non-seulement contre la production française, mais encore de faire une concurrence redoutable à l'Angleterre.

Si l'on recherchait toutes les conséquences pouvant résulter de l'échange sans limite entre tous les peuples, on serait effrayé des combinaisons étranges, des bouleversements et des catastrophes qu'entraînerait la mise à exécution des théories rêvées par les libres-échangistes, dont la sagacité ne va pas même jusqu'à comprendre, que jeter la France dans un tel désordre, pouvant anéantir partiellement ou totalement sa grande industrie, c'est l'exposer à perdre sa prépondérance dans le monde civilisé et à la faire descendre jusqu'au rang des puissances secondaires.

Je ne veux point rechercher quels ont été les instigateurs de la convention avec l'Angleterre ; je n'ai point le droit d'apprécier ni de discuter le paragraphe de la Constitution qui a donné au souverain le pouvoir de conclure des traités de commerce sans la participation de notre Chambre législative, sans enquête , sans examen des nécessités particulières et conservatrices de chacune de nos industries ; en un mot, je n'ai point le droit de critiquer le pouvoir immense qui légalement a pu faire, ainsi que l'a dit avec justesse un journal de Paris : « Que les Français, après s'être « couchés protectionnistes le 22 janvier 1860, se réveillèrent le « 23 sous le régime de l'échange. »

Je ne veux pas non plus rechercher quel est le véritable inventeur des traités de 1860, ainsi que l'a fait le *Journal des Economistes* en reproduisant les extraits d'une lettre adressée à M. Bonamy Price, professeur à l'Université d'Oxford, dans laquelle M. Michel Chevalier s'attribue tout l'honneur, sans mission aucune, et de concert avec MM. Cobden, Bright et Gladstone, d'avoir jeté et arrêté les bases du traité anglo-français, qu'il aurait ensuite fait accepter par notre gouvernement.

Quelles que soient les causes ayant provoqué la conclusion de ces conventions commerciales, elles existent ; nous devons les subir encore pendant 7 à 8 années environ, et pour mettre un terme aux souffrances qu'elles occasionnent, il ne suffit pas de dire à la tribune ou ailleurs :

« La crise ne frappe pas la France seulement ; toute l'Europe « en souffre ;

« L'Amérique nous a fermé ses ports ;

« C'est la crise alimentaire ;

« C'est la crise cotonnière. »

Ou bien encore, lorsque l'on énumère les manufactures renversées, les industries ruinées :

« On ne saurait s'attacher à des intérêts s'appliquant à telle ou telle localité. »

« Nous voulons protéger les intérêts des consommateurs, nous
« ne voulons plus de cette aristocratie industrielle qui s'est empa-
« rée de tous les bénéfices. » (Baroche 1860.)

Quand le commerce et l'industrie sont en souffrance, il faut
autre chose que des discours ; il faut des actes !

Lorsque la législation est défectueuse ou insuffisante, la sagesse
et le devoir exigent qu'on y introduise les réformes nécessaires,
afin d'assurer la conservation, la prospérité et la sécurité du travail national.

CHAPITRE II.

Le gouvernement a été induit en erreur sur les résul-tats que devaient produire les traités de commerce.

La mise en pratique de la théorie des libres-échangistes devait
avoir pour conséquence, à ce qu'ils assuraient :

L'abaissement du prix de toutes les matières ;

Le développement et le progrès de l'industrie ;

La vie à bon marché ;

Par les alliances commerciales, le libre-échange devait provoquer la fraternité des peuples et la paix universelle ;

Enfin, il en devait résulter l'abolition des monopoles et l'affran-
chissement de l'exploitation des industriels, des agriculteurs, des
manufacturiers, etc....

Voilà, à peu de chose près, quelles ont été les promesses faites
au pays par les prôneurs du libre-échange. Examinons maintenant
les résultats produits par la mise à exécution de leurs théories,
non pas avec le libre-échange complet et toutes ses conséquences,
mais seulement par la pratique du système échangiste grevé de
droits protecteurs, qui nous régit depuis 1860.

Les hauts-fourneaux au bois sont ruinés, ou à peu d'exceptions
près, dans les départements :

De la Haute-Marne ;

De la Haute-Saône ;

De la Côte-d'Or ;

Dans les Ardennes ;

Dans les Landes ;

Dans la Dordogne ;

Dans la Gironde ;

En Franche-Comté, sur 81 établissements 39 sont arrêtés.

En Champagne, snr 58 établissements 39 sont arrêtés.

Dans le Berry et la Bourgogne, sur 36 établissements 27 sont arrêtés.

Dans la Normandie et la Bretagne, sur 55 établissements 46 sont arrêtés.

Dans le Périgord, le Poitou, les Pyrénées et la Guyenne, sur 147 établissements 108 sont arrêtés.

Les hauts-fourneaux à la houille, pour soutenir la concurrence et diminuer les prix de revient, ont été obligés d'augmenter leur production ; ils sont encombrés et ils ont été sérieusement atteints par le trafic des acquits à caution.

L'industrie du lin est surchargée de produits ; il faut qu'elle supprime un tiers de ses établissements. Son importance étant actuellement de 700 mille broches, il faut qu'elle en anéantisse 250 à 300 mille.

La filature de laine, atteinte par l'introduction des tissus étrangers, marche irrégulièrement ; elle est constamment exposée à des reprises et à des délaissements rendant cette industrie difficile et onéreuse.

Les manufactures de coton à Lille, à Rouen, en Alsace, quoiqu'elles aient transformé leurs outillages, souffrent considérablement.

Sur les 1,400,000 broches de l'Alsace, en 1868, 300 mille étaient grevées d'hypothèques et 300 mille autres marchaient pour le compte de créanciers ; tandis que de 1829 à 1859, l'augmentation des broches dans cette contrée avait été de 500 mille.

Depuis les traités de 1860, la filature anglaise s'est accrue de 4 millions de broches, et celle de l'Amérique a été augmentée de 2 millions.

Roubaix a dépensé 80 millions pour renouveler ses outillages : il a perdu 200 millions, et 69 de ses manufactures ont été ruinées.

La draperie souffre quoique les machines aient été changées. Dans le canton d'Elbeuf, 27 manufactures se sont fermées en 1867.

Les tullistes de Cambrai ont presque totalement disparu, et beaucoup d'autres industries sont dans la même position, ou plus ou moins grièvement atteintes.

Voilà ce que nous avons perdu ; et nous échangistes, mais protectionnistes conservateurs sérieux de l'industrie nationale, nous n'hésitons pas à avouer hautement quelles sont pour nous les conséquences des traités de commerce et ce que nous en avons souffert. A vous maintenant, messieurs les libres-échangistes, si vos théories ne sont pas un leurre, à nous présenter et à chiffrer les avantages que vous avez procurés au pays, en compensation des nombreux désastres supportés par ses manufactures et son industrie.

Le moment des théories et des systèmes est passé ; nous sommes entrés dans la pratique.

Pendant les premières années des traités de commerce, beaucoup de personnes ont pu se méprendre ou être indécises sur les résultats devant être produits par la mise à exécution du nouveau régime. La guerre d'Amérique ayant supprimé les envois de cotons du Sud, les fabriques manquèrent de ce textile dont le prix s'éleva considérablement. Le lin et la laine prirent sa place dans la consommation, et les industriels, fabriquant ces dernières matières, eurent quelques années d'activité et de faveur dont profitèrent tous les pays manufacturiers. Mais, avec la réapparition des cotons américains, les choses sont rentrées dans leur état normal, et depuis deux ou trois ans les effets réels de notre nouveau système commercial ont été produits ; ils sont positifs, incontestables ; nous pouvons conséquemment apprécier si les promesses faites par les libres échangistes ont été réalisées, et nous sommes en droit de leur demander :

Avez-vous fait abaisser, pour le consommateur, le prix des matières fabriquées ?

Avez-vous donné la vie à bon marché ?

Avez-vous conservé l'intégrité du travail national ?

Relativement à l'alliance et à la fraternité des peuples, à la paix universelle, etc., etc. Nous pourrons nous occuper de ces belles choses à nos moments perdus, il est préférable ; je le suppose, d'examiner d'abord et de discuter les points sérieux et pratiques de la question qui nous intéresse.

Quoique pour faciliter l'exécution des traités de commerce, on ait supprimé les droits d'entrée de 24 0/0 sur la laine brute et de 20 fr. par 100 kilos sur le coton en balles, les consommateurs achètent-ils une redingote, un pantalon à meilleur marché ? l'ouvrier, la ménagère paient-ils une chemise, un mètre de calicot ou d'étoffe quelconque, à des prix inférieurs à ceux de 1859 ?

La réponse doit être facile à faire ; nous l'attendons !

Après avoir tenu compte du cours des matières premières ; en supposant même qu'on puisse signaler 2 ou 3 centimes d'amélioration sur le calicot en gros, ou un abaissement de prix proportionnel sur les autres marchandises, cette différence est-elle assez sensible pour arriver jusqu'au consommateur ? Et d'ailleurs cela fût-il ; est-ce que les progrès incessants de nos manufactures et la concurrence intérieure n'auraient pas produit les mêmes résultats, sans qu'il fût nécessaire d'introduire la marchandise étrangère.

Vous avez privé le gouvernement du revenu considérable des droits d'entrée sur les matières brutes, sans bénéfice appréciable pour la consommation. Vous avez fait abaisser le cours des laines de 24 0/0 et occasionné un préjudice de 60 millions de francs par année à l'agriculture, sans avantage pour les industriels qui, par les drawbacks, percevaient, lors de l'exportation, l'importance largement comptée des droits payés à l'entrée sur les matières étrangères qu'ils avaient consommées.

Quant à la vie à bon marché, le pays malheureusement est trop bien édifié à cet égard pour qu'il soit nécessaire d'aborder ce sujet. Conséquemment :

Vous ne donnez pas au consommateur la matière fabriquée à prix inférieur ;

Vous ne lui avez pas donné la vie à bon marché ; au contraire, les frais de l'alimentation, représentant 75 0|0 de la dépense de l'ouvrier, ont été considérablement augmentés ;

Vous n'avez pas conservé l'intégrité du travail national ;

La vie à bon marché était votre promesse ; l'augmentation des matières alimentaires a été le résultat ;

Vous avez trompé le pays ! Voyons maintenant quelle a été votre conduite envers le gouvernement.

Vous avez abusé de la confiance du gouvernement en lui disant et en faisant répéter par ses représentants que, pour faciliter la lutte commerciale, on créerait des voies ferrées, on affranchirait les canaux, on procurerait les transports à bon marché, et qu'on ouvrirait des débouchés nouveaux à l'étranger.

Vous saviez parfaitement que les voies ferrées ne se créent pas instantanément, et que pour le rachat et la construction des canaux, il faudrait dépenser un capital énorme ; vous saviez aussi que la France, par sa disposition géographique, ne se prêtait pas à la canalisation et à l'établissement des voies ferrées, aussi bien que l'Angleterre, et qu'il nous était impossible de faire les transports maritimes aux mêmes conditions qu'elle ; en un mot, lorsque vous avez promis les transports à bon marché, vous aviez la certitude que cela était irréalisable, ou du moins, que ce ne pouvait l'être que dans une très-minime proportion, et à des époques fort éloignées.

Pour les débouchés à ouvrir à l'étranger, vos promesses n'étaient pas moins vaines. Quelles sont les nations nouvelles, les marchés inexplorés que vous vous proposiez de conquérir et de mettre à la disposition de notre commerce, sous la sauvegarde de droits pro-tecteurs, comme les Indes anglaises, par exemple ? Vous saviez très-bien, en prenant cet engagement, que vous étiez dans l'impos-sibilité de le tenir, à moins que vous ne vous considériez comme libérés à ce sujet, en répétant ce qu'a dit un de vos orateurs à la tribune, le 16 mai 1868 : « Les 200 millions de consommateurs « qu'a l'Angleterre. Mais vous aussi vous les avez ; rien ne vous « empêche de les prendre. Le monde entier vous appartient comme « à l'Angleterre. » Si ce sont là les débouchés nouveaux que vous deviez nous offrir, les traités de commerce étaient inutiles pour nous les procurer, nous les possédions avant la mise en pratique de vos théories économiques.

Quant à ces 200 millions de consommateurs, il faut être bien convaincu de la valeur de sa parole, avoir une grande confiance dans la naïveté des personnes qui écoutent, ou enfin être dans une ignorance incompréhensible des premiers éléments de la question, pour oser produire une pareille hérésie de bon sens devant une assemblée législative comme la nôtre.

Si l'orateur s'était donné la peine de consulter les préliminaires servant de bases à nos traités de commerce, il aurait vu, ce que personne n'ignore, que les droits imposés sur les marchandises étrangères sont établis d'après les prix de revient comparés entre les puissances contractantes ; lesquels prix ont été débattus, pour le traité de 1860, en présence des représentants anglais. Lorsqu'on a eu constaté qu'une qualité de marchandise coûtant en Angleterre 45 centimes le mètre ne pouvait être fabriquée en France à moins de 50 centimes, on a imposé cette marchandise de 5 centimes à la douane française, afin d'équilibrer les prix de vente sur notre marché; c'est ce qu'on appelle le droit protecteur. Il en a été ainsi et proportionnellement pour toutes les autres marchandises.

Ce qu'il résulte de cette mesure, il n'est point besoin d'être économiste ni orateur pour le comprendre immédiatement; les produits anglais et français peuvent se présenter à prix égal sur notre marché; mais, lorsque nous exportons la même marchandise, comme elle nous coûte 50 centimes, tandis qu'en Angleterre elle ne revient qu'à 45, nous ne pouvons, à 10 p. 0|0 près, soutenir la concurrence sur les marchés étrangers; et lorsqu'à la tribune, avec plus ou moins d'éloquence ou de conviction, on répéterait à satiété : les 200 millions d'acheteurs de l'Angleterre sont à la disposition de la France, cela ne nous ferait pas exporter ni vendre un mètre d'étoffe de plus.

L'orateur n'a saisi dans la question que la superficie du débat, et il a pensé, comme je l'ai dit précédemment, qu'il devait soutenir ce que l'on est convenu d'appeler la liberté commerciale, parce qu'il la suppose solidaire de la liberté politique et sociale, tandis qu'au contraire le libre-échange, en France, aurait pour conséquence réelle de nous imposer le système économique industriel anglais ; c'est-à-dire, d'amoindrir la position sociale des travailleurs en supprimant le petit commerce, les petites industries, au profit des grandes usines et du gros capital.

J'ai dit le 20 janvier 1860 dans le *Mémorial d'Amiens* :

« La conséquence inévitable de la levée des prohibitions serait de nous forcer à travailler à l'anglaise. »

« Ce qu'on admire en Angleterre, c'est ce que nous devons le plus redouter en France. L'Angleterre avec ses grandes associations est arrivée à produire dix fois plus qu'elle ne consomme ; aussi est-elle obligée, pour écouler ses marchandises, d'avoir recours aux puissances étrangères ; son industrie est complètement sous leur dépendance ; si, dans un temps donné, ces débouchés lui manquent, que deviendra t-elle ? que fera-t-elle de ses ouvriers ? En France, au contraire, la production est tellement en rapport avec la consommation, que si les manufacturiers restreignaient un peu leur fabrication, ils pourraient écouler tous leurs produits sur notre marché intérieur et s'affranchir de l'étranger. Il n'y a pas de plus belle position commerciale au monde. »

« Si on considère la question au point de vue de l'intérêt populaire, la position est plus belle encore : Chez nous, l'employé, l'ouvrier intelligent, peuvent avoir l'espoir de devenir chefs de maisons : en Angleterre, au contraire, il faut des capitaux immenses pour exploiter une manufacture ; aussi n'y a-t-il que de grands industriels et des ouvriers. Ce qui constitue notre prospérité commerciale, c'est la bourgeoisie commerçante, si je puis me servir de ce mot qui, selon moi, doit s'appliquer à la classe des petits manufacturiers. La bourgeoisie commerçante élève sa famille en travaillant, fait vivre quelques ouvriers autour d'elle, et lorsqu'elle a amassé un petit capital, elle se retire en laissant la suite des affaires à ses enfants, à un employé, ou à d'anciens ouvriers devenus directeurs ou contre-maîtres. »

« En France, chacun travaille suivant ses ressources et la confiance qu'il inspire : le commerce et l'industrie sont accessibles à tous. Changer le système français contre le système anglais, ce serait supprimer des milliers de petites industries, pour les remplacer par une quantité restreinte de fabriques et faire qu'il n'y ait plus dans notre pays que de grands industriels, et que tout le reste soit ouvrier ou contre-maître. »

La vérité d'il y a dix ans est encore celle d'aujourd'hui. Ce

qui constitue le bien-être exceptionnel et la supériorité intellec-
tuelle de la France, c'est le tiers-état, la bourgeoisie. Dans beaucoup de pays, l'homme est toujours ouvrier, libre ou asservi, riche,
pauvre ou grand seigneur ; il vit et meurt dans la classe où la
Providence l'a fait naître. Chez nous, au contraire, tous les hommes honnêtes et intelligents peuvent parvenir aux degrés les plus
élevés de l'échelle sociale. Il est bon de constater que la majeure
partie des hommes parvenus est sortie des derniers rangs de la
société, par le travail et l'industrie. Retirer au travailleur, à l'ouvrier, à l'employé de commerce, la facilité de se créer une position supérieure, c'est porter atteinte au développement de la bourgeoisie, et retirer à l'honnête homme la récompense qu'il doit
attendre du fruit de sa bonne conduite et de son travail.

Il n'y a, je le répète, aucune solidarité entre la liberté commerciale et la liberté politique et sociale.

Les libres-échangistes, en engageant notre industrie dans la voie
de leurs systèmes, ont compromis la sécurité du commerce et des
travailleurs, sans profit pour personne, excepté cependant pour
les propriétaires de terres à vignes. Voyons ce que nous avons ga-
gné de ce côté, en échange de ce que nous avons perdu des autres.

La plus grande exportation des vins profitera-t-elle à notre
population ? Bien certainement non ! Lorsqu'il y aura récolte abon-
dante, la différence de prix sera insensible ; mais quand elle sera
médiocre, la rareté de la marchandise entraînera forcément son
augmentation, au détriment des consommateurs français.

Le vigneron bénéficiera-t-il de l'accroissement de l'exportation ?
Un peu dans les commencements, s'il est locataire ; davantage s'il
est propriétaire ; parce que ce dernier augmentera le prix des loca-
tions en proportion de la plus-value du rendement. En définitive,
il n'y aura de profit réel que pour le possesseur du sol, en échange
d'un désavantage pour toute la consommation du pays.

En compensation des bénéfices procurés aux possesseurs des vignes, il est indispensable de mettre en regard les pertes supportées
par les propriétaires de bois et les agriculteurs des départements
dans lesquels les hauts-fourneaux ont été éteints.

Excepté pour les propriétaires du sol de la vigne, je serais bien

désireux de voir exposer les avantages produits par les traités de commerce.

Le gouvernement a été déçu dans ses espérances, parce que les échangistes, pour des motifs plus ou moins intéressés, l'ont abusé en lui promettant, sans préjudice pour notre industrie, la délivrance aux acheteurs de toutes les marchandises à meilleur marché ; promesse qu'ils savaient irréalisable, puisqu'en même temps qu'ils ouvraient nos portes aux produits étrangers, ils les frappaient de droits suffisants pour élever leur valeur jusqu'à celle de notre production indigène.

Les échangistes ne devaient pas ignorer non plus que l'introduction de la marchandise étrangère réduirait d'une quantité égale l'écoulement de la production française, et diminuerait d'autant le travail national.

Je mets au défi les libres-échangistes les plus experts de produire un système pratique par lequel on réaliserait leurs promesses, sans anéantir la presque totalité de nos manufactures. Toutes leurs théories viendront se briser inévitablement contre ce dilemme : livrer à nos consommateurs la marchandise étrangère au-dessus du prix de la nôtre, ou supprimer l'industrie française au profit des nations fabriquant à meilleur marché que nous.

« Le gouvernement ne devait point obtenir des traités de com-« merce les résultats qu'il en espérait ; » parce que, cédant avec trop de précipitation à l'insistance et à la pression des échangistes, il a engagé le pays dans une voie difficile et dangereuse, avant qu'il fût suffisamment armé et préparé pour lutter à force égale contre ses adversaires.

Si, en Angleterre, lorsque fut proclamé le *free trade*, on avait dit aux commerçants et aux manufacturiers : nous allons pratiquer l'échange avec des nations produisant à meilleur marché que vous, à cause du développement et de la perfection de leur industrie, de l'économie, de la facilité de leurs transports et beaucoup d'autres motifs encore ; mais, afin de vous garantir de la concurrence étrangère et d'équilibrer ses prix avec les vôtres, nous mettrons d'abord des droits à l'entrée sur les marchandises, et *plus tard* nous ferons des améliorations de transport, d'exportations et autres. Les manufacturiers anglais auraient répondu : ce que vous voulez nous faire accepter n'est point de l'économie pratique ; c'est de l'économie commerciale empirique ; vous nous proposez d'accueillir la marchandise étrangère, et en échange vous ne nous offrez pas d'écoulements nouveaux ; la conséquence de la mise à exécution de ce système serait l'amoindrissement de notre production, la suppression partielle ou la ruine de notre industrie. Les Chambres anglaises à l'unanimité auraient certainement repoussé un semblable projet.

Mais cela ne fut pas présenté ainsi à la Grande-Bretagne. Sir Robert Peel qui, jusque-là, avait été protectionniste très-ardent, exposa le projet de la réforme commerciale, dans les termes suivants :

« Nos manufactures ont atteint le plus haut degré de la perfection sous les rapports du prix de revient et de la quantité productive ; nous avons le fer, nous avons la houille à des prix inférieurs à ceux de nos concurrents ; nous avons les moyens de transports les plus perfectionnés et les plus économiques ; nous avons acquis l'expérience des grandes affaires ; nous possédons le capital, les meilleurs systèmes d'exportation, et les plus vastes débouchés à l'étranger ; nous n'avons absolument rien à redouter d'aucune puissance commerciale ou industrielle. Je vous propose, en conséquence, d'abolir la protection qui a été nécessaire pour garantir et développer notre commerce et notre industrie, et qui maintenant ne nous est plus d'aucune utilité. C'est aussi, parce qu'aucune nation ne pourait soutenir notre concurrence, que je vous propose encore de pratiquer *le free trade* (libre commerce) dont tous les avantages seront pour notre pays. »

C'est dans ces conditions, après s'être bien consultée et avoir profondément examiné et discuté la question, que l'Angleterre à accepté l'échange.

Si nos économistes-échangistes avaient attendu que la France fût dans une position semblable avant de mettre leurs systèmes en pratique, les déceptions qui nous affligent en ce moment ne se seraient point produites.

Le commerce et l'industrie française ont chèrement payé par dix années d'épreuve la mise à exécution de la théorie de l'échange. Nous avons fait tout ce qui a été humainement possible pour lutter contre l'étranger. Nos industriels ont renouvelé leurs outillages ; ils y ont consacré des sommes énormes : le gouvernement a prêté 36 millions pour l'amélioration des machines ; voici les résultats obtenus par ces sacrifices : beaucoup d'industriels se sont ruinés ; d'autres, plus malheureux encore, ont été déshonorés et ont perdu la fortune de leurs créanciers ; et rien n'a été remboursé à l'Etat.

L'industrie, dans cette circonstance, a fait largement ce qu'elle devait ; elle a agrandi ses établissements ; elle a augmenté considérablement sa production, et le but indiqué par les libres-échangistes n'a pu être atteint. Cela est rationnel, parce que le système de l'augmentation du stock, sur un marché surchargé de marchandises, ne peut atténuer les mauvais effets de l'importation étrangère dont, au contraire, il aggrave les fâcheuses conséquences, ainsi que je le démontrerai ultérieurement.

L'industrie ayant fait tout ce qui était possible, c'est au gouvernement maintenant à reconnaître franchement et loyalement qu'il a été abusé par des promesses illusoires, et, de concert avec le Corps législatif, les Chambres de commerce et les manufacturiers, de rechercher les moyens pratiques pouvant mettre un terme à cet état de choses désastreux, afin de faire renaître la sécurité dans notre commerce et notre industrie, et de réparer ce qui est réparable encore, et qui, plus tard, ne le serait plus peut-être !

CHAPITRE III.

« Les manufacturiers ont été induits en erreur sur les « conséquences de l'introduction des marchandises « étrangères et sur les moyens de soutenir la concur- « rence ; faute d'examen suffisant, ils ont aggravé le « mal et, en partie, créé leur position désastreuse. »

Les promoteurs des traités de commerce ont dit aux manufacturiers : Pour vous mettre à même de lutter contre la concurrence étrangère, nous vous donnerons les transports à bon marché, nous ouvrirons des débouchés nouveaux, nous supprimerons les droits d'entrée sur les matières premières, nous imposerons les produits étrangers à la douane française ; mais ensuite de vous seuls dépendra la conservation de l'industrie nationale ; *soyez habiles !* c'est le mot consacré, mettez-vous à la hauteur de l'époque ; changez vos machines, agrandissez vos établissements ; imitez l'Angleterre ; c'est par l'abondance de la production qu'on obtient le bon marché.

Il y a eu malheureusement une trop grande quantité de manufacturiers assez naïfs pour accepter, sans contrôle, ce programme plein de promesses. Quelques-uns même ont poussé la légèreté jusqu'à se faire les prôneurs du nouveau régime et de ses singuliers systèmes ; d'autres, plus imprévoyants encore, l'ayant adopté franchement et mis en œuvre, y ont perdu leur fortune et les économies laborieusement acquises par de nombreuses années de travail ; mais aujourd'hui, pour tous les grands industriels et les hommes impartiaux, le voile est déchiré, la lumière est faite, l'illusion est détruite et nous sommes en face de la réalité.

Les conséquences des traités de commerce étaient cependant faciles à prévoir. Nous produisons à des prix plus élevés que ceux de l'Angleterre, pour des motifs déjà dits et qu'il serait superflu de répéter ; cette différence, inappréciable par le consommateur, est d'une importance suffisante, dans le haut commerce, pour faire accepter la marchandise étrangère de préférence à la nôtre. Il suffit d'un demi ou d'un quart de centime par mètre, à qualité égale de calicot, sur le marché de Rouen, pour qu'il ne s'y vende pas une pièce française ; il en est de même, relativement et partout ailleurs, pour toutes les autres marchandises.

Le consommateur n'a rien à voir dans ces différences de prix insignifiantes ne parvenant jamais jusqu'à lui, mais desquelles cependant dépendent le travail national, la prospérité et l'existence de nos manufactures. Aussi, toutes les fois qu'on invoque bruyamment l'intérêt de la consommation, ce n'est qu'une fantasmagorie et un moyen à l'aide duquel on veut agir sur les masses ignorant ces détails, afin de justifier la mise à exécution des théories échangistes.

Lors de l'appréciation des prix discutés et constatés par les représentants anglais, pendant leur séjour à Paris en 1860, il a été reconnu qu'il existait un écart de 10 0/0 environ entre le prix de revient des tissus anglais et celui de la fabrication française : pour compenser cette différence, il a été convenu, qu'à leur entrée en France, les étoffes étrangères seraient imposées de 10 0/0 sur leur valeur réelle.

Il résulte de cette mesure, que les produits étrangers sont offerts à nos consommateurs à prix égal avec les nôtres ; mais que nos industriels ne pouvant lutter contre eux à l'exportation, sont obligés pour leur faire place sur notre marché, de réduire proportionnellement la production de nos manufactures.

On nous avait promis des débouchés extérieurs, on ne nous les a pas et on ne pouvait pas nous les donner. Au lieu de nous procurer de nouveaux placements, on a introduit chez nous des marchandises qui alimentent une partie de notre consommation intérieure, et par une aberration de raisonnement inimaginable, les économistes nous disent : Montez grandement ; produisez à l'anglaise ; c'est par l'extrême abondance de la production que vous obtiendrez l'abaissement des prix et que vous lutterez fructueusement contre la concurrence étrangère.

Il peut être compréhensible, à la rigueur, que des théoriciens rêveurs professent un système semblable, lorsqu'il ne s'agit, pour eux, que de mettre leurs idées en jeu ; mais que des manufacturiers aient pu supposer qu'il suffisait simplement d'augmenter les moyens producteurs pour lutter contre l'Angleterre ; et, pour atteindre ce but chimérique, qu'ils aient sacrifié leur capital et perdu leur position commerciale, cela surpasse l'imagination des praticiens les plus ordinaires, qui ne peuvent s'empêcher de blâmer les malheureux pris à un piége aussi grossier, tout en les plaignant sincèrement des désastres dont ils ont été les victimes.

Une circonstance fatale, la guerre d'Amérique, a puissamment aidé à jeter l'indécision dans l'industrie française ; beaucoup d'hommes sérieux ont été ébranlés dans leurs convictions ; quelques-uns, en présence de résultats momentanés, ont pensé s'être mépris dans les déductions de leurs raisonnements. Les filateurs de lin, à cause de l'absence du coton, voyant leurs produits s'écouler avec facilité, même à l'étranger, adoptèrent franchement la théorie nouvelle; ils augmentèrent leurs outillages jusqu'à 700,000 broches, alors que 400,000 seulement étaient grandement suffisantes pour alimenter leurs placements ordinaires. Cet excès de production n'a pas donné les résultats promis par les échangistes; l'Angleterre n'a pas continué ses achats chez nous ; nos fils et nos toiles ne s'exportèrent pas en quantités plus considérables; au contraire, l'importation des fils et des toiles étrangères sur notre marché a suivi la progression ascendante suivante :

En 1866, 2,881,000 kil. ont été introduits.
    1867, 3,552,000 » » » »
    1868, 4,998,000 » » » »

Non-seulement il faudra que les 300,000 broches excédantes de lin soient supprimées; mais en considération de l'augmentation croissante des importations, il est à craindre que les 400,000 restantes ne soient réduites à un état très-précaire.

Toutes les industries ont plus ou moins suivi l'exemple de celle du lin; non-seulement les machines nouvelles ont remplacé l'outillage ancien, les tisseurs à la main ont fait place aux métiers à la mécanique ; mais encore, des usines considérables se sont élevées, et la production a augmenté sans besoin, sans raison et sans écoulement possible.

Nos manufacturiers n'ayant point de débouchés nouveaux, la consommation intérieure étant diminuée par l'introduction étrangère, nos industriels ne pouvant abaisser leurs prix de revient au niveau de ceux de leurs concurrents, rien ne saurait justifier les excès de notre production ; il aurait fallu, au contraire du système professé par les libres-échangistes, restreindre l'importance productive, mais améliorer les outillages, afin de perfectionner la qualité et de diminuer les prix de la fabrication.

Les industriels, qui ont augmenté inconsidérément leur production, sont la cause principale des pertes qu'ils ont subies; ils pouvaient les éviter, en partie, en agissant plus sagement. Mais les instigateurs véritables de ces désastres, ce sont les économistes propagateurs du nouveau système commercial, qui ont engagé notre industrie dans une vôie déplorable.

Ce qui est le plus à craindre, par la pratique du système actuel, c'est que l'importation étrangère augmente en proportion de l'amoindrissement de notre production indigène ; et cela s'effectuera inévitablement, au fur et à mesure que nos industriels, fatigués de perdre ou de courir les risques de la fabrication sans bénéfice, abandonneront les manufactures ne donnant plus que des résultats négatifs ou onéreux.

Une des causes, innocente peut-être, qui a aidé à la prolongation des souffrances de quelques-unes de nos industries, ce sont les manufacturiers spéciaux, provisoirement à l'abri des conséquences du régime actuel, qui, sans tenir compte du préjudice subi par le pays, proclament les traités de commerce inoffensifs, parce qu'ils n'en ont pas encore ressenti les effets. Ces hommes sont fort dangereux dans la circonstance, parce qu'ils apportent, à l'appui de théories sans valeur, l'apparence de l'expérience pratique, et que, dans une certaine mesure, ils peuvent égarer la religion du gouvernement, en lui mettant sous les yeux l'expression d'intérêts particuliers, à l'ombre desquels se dissimulent et se produisent les souffrances générales.

Une quantité considérable de nos industriels a été induite en erreur sur les conséquences de l'introduction des produits étrangers, parce que les traités de commerce devaient leur assurer une protection de 10 p. 0[0 sur les tissus, et que cette garantie n'a été qu'apparente et non réelle.

La perception des droits *ad valorem* se prêtant facilement aux manœuvres frauduleuses, on a reconnu, ainsi que cela a été dit dans la *Lettre de la Chambre de commerce d'Amiens*, en date du 1er avril 1869, adressée à M. le ministre de l'agriculture, du commerce et des travaux publics, que la douane, le mois précédent, avait saisi une grande quantité de marchandises allemandes et anglaises, déclarées à 50 p. 0[0 au-dessous de leur prix de revient réel.

Par ce fait, le droit protecteur de 10 p. 0[0 se réduit à 5; et pour peu que les étrangers soient obligés de sacrifier le bénéfice, ou même une partie du prix coûtant, il en résulte que la totalité du droit disparaît, que le cours des marchandises françaises similaires s'établit forcément sur celui des produits étrangers, et que nos manufacturiers, privés de la protection qui leur est due, sont contraints, pour ne point fermer leurs établissements, de vendre à perte et de subir les plus grands préjudices.

« Nos industriels ont aggravé le mal et en partie créé leur position désastreuse, » parce que, faute de réflexion et d'examen, ils ont agrandi leurs établissements ; ils ont augmenté leur production dans des proportions inconsidérées, avant d'avoir acquis l'assurance que la protection promise serait efficace, que les débouchés au dehors seraient ouverts, que les transports à bon marché seraient donnés ; et surtout, avant de s'être préoccupés s'il leur serait possible de placer l'excédant de leurs produits, alors que, une partie du marché intérieur leur faisant défaut, était livrée à la concurrence étrangère.

Cette trop grande confiance, de la part de nos industriels, a été l'une des causes principales de l'encombrement de notre marché. La surabondance de nos produits, jointe à l'importation étrangère, a occasionné l'avilissement des prix et les pertes considérables dont les conséquences ont eu pour résultat de provoquer le chômage et de supprimer une certaine quantité de nos établissements manufacturiers.

CHAPITRE IV.

L'Angleterre, par les traités de commerce avec la France, n'a pas obtenu ce qu'elle désirait, parce qu'elle ne s'est pas suffisamment rendu compte des besoins de notre marché, de sa nature, de ses exigences et des nécessités de notre production manufacturière.

L'Angleterre se plaint ; elle a raison, au point de vue de ses intérêts ; mais elle a tort rationnellement au point de vue de la pratique.

Jusqu'en 1838, la Grande-Bretagne fut éminemment protectionniste ; les peines les plus sévères frappaient les contrevenants

aux lois édictées en faveur de la sauvegarde de son industrie (1),
elle n'a consenti à admettre les produits étrangers sur son marché, qu'à l'époque où elle a eu acquis la certitude complète qu'aucune puissance manufacturière ne pourrait lui faire concurrence.
Jusque-là, les blés étrangers ne pouvaient franchir ses frontières
à moins que le cours n'ait atteint 80 schellings le quartier (36 fr.
l'hectolitre) et après l'adoption de ce qu'elle a appelé le principe de
la liberté commerciale, la plupart des marchandises étrangères ne
furent admises chez elle que grevées de droits excessifs :

Les spiritueux furent taxés à 500 fr. l'hectolitre ;

Les esprits parfumés à 550 fr. l'hectolitre ;

Les prunes de Tours à 37 fr. les 100 kilos ;

Les sucres raffinés à 32 fr. 80 c. les 100 kilos ;

Les tissus de soie confectionnés à 16 fr. 54 c. le kilo ;

Les velours confectionnés à 27 fr. 56 c. le kilo ;

---

(1) A partir de Edouard III (1327-1377), l'Angleterre édicta des lois prohibitives
pour favoriser son industrie nationale.

Plus tard, la violation des lois prohibant l'exportation ou l'importation pouvait être réputée comme *crime de félonie.*

« Aux termes du statut VIII d'Elisabeth (1559-1603), l'exportation de moutons
« en vie, ou leur embarquement à bord d'un bâtiment quelconque, est puni,
« pour la première fois, par la confiscation des marchandises, l'emprisonne-
« ment pour un an, et, à la fin de l'année, *l'amputation de la main gauche* dans
« quelque marché public, où elle doit être clouée au lieu le plus découvert. La
« récidive est un *crime de félonie.*

« Les statuts de Georges Ier et Georges II ont amendé et corroboré les statuts
« précédents, et édicté une peine de déportation de sept ans lorsque les amendes
« n'étaient pas payées. »

« Le statut 28 de Georges III (1760-1820) a abrogé tous les statuts précédents
« relatifs à l'exportation des moutons et de la laine ; et il les a remplacés par une
« grande variétés de règles et de restrictions que doivent connaître les
« trafiquants en laines. » (Blackstone, Commentaires sur les lois anglaises,
T. V. — P. 460.)

« L'exportation des outils, ustensiles, machines de manufactures est punie
« de 200 livres d'amendes, (5,000 francs), confiscation, une année d'emprisonne-
« ment etc., (statut XIV, de Georges III. »

En 1758, il existait un acte appliqué aux colonies de l'Angleterre, conçu ainsi:
« Aucun chapeau ou feutre, fini ou non fini, ne pourra être embarqué dans
« aucune de nos plantations, ni chargé sur des vaisseaux ou sur des voitures
« dans l'intention de les exporter hors d'aucune des dites plantations de la
« Grande-Bretagne, sous peine de 300 livres d'amende (7,500 francs) contre cha-
« que contrevenant, et 40 livres (1,000 francs) contre ceux qui favoriseraient
« l'entreprise, outre la confiscation de la marchandise. »

Les rubans de satin de plusieurs couleurs à 27 fr. le kilo ;

Les rubans de gaze à 38 fr. 59 c. le kilo ;

Les robes de soie à 37 fr. 50 c. le kilo ;

Les chapeaux à 8 fr. 75 c. chaque ;

Une montre de 250 fr. à 25 fr. chaque ;

Uu piano vertical à 50 fr. chaque.

Presque toutes les autres marchandises imposées furent frappées de droit d'entrée proportionnels. L'Angleterre n'est pas à blâmer pour avoir pratiqué ce système ; au contraire, elle a fait preuve de sagesse en assurant le développement et la conservation de son industrie, par les garanties d'une protection raisonnée, suffisante et efficace.

La Grande-Bretagne produit huit à dix fois plus qu'elle n'absorbe ; elle met en œuvre 34 millions de broches à coton et 400 mille métiers à tisser à la mécanique ; sa population est de 25 à 26 millions d'individus seulement.

La France ne possède que 6 millions 800 mille broches et 80 mille métiers à tisser. Son marché intérieur est de 36 millions de consommateurs. Cette quantité de machines productives est largement suffisante cependant pour l'alimentation de ses besoins particuliers et de ses exportations à l'étranger.

L'Angleterre, pour l'écoulement de ses produits manufacturés, étant sous l'entière dépendance de ses colonies et des puissances étrangères, sera obligée, quand ces débouchés lui feront défaut, de supprimer les 8 ou 9/10ᵉ de sa production et de pourvoir à l'emploi de sa population ouvrière. La misère alors sera effroyable, chez elle, si l'on en juge par ce qui s'est produit en 1863, lors de la suppression partielle et momentanée des cotons d'Amérique. M. Gladstone a déclaré à cette époque : que la crise cotonnière, dans le Lancashire et le Cheshire seulement, avait atteint le travail dans des proportions telles, que 250 mille personnes étaient nourries par les bureaux de bienfaisance et 190 mille par la charité privée. Aussi, pour éviter ou retarder des catastrophes semblables, l'Angleterre a-t-elle constamment les regards tendus vers les marchés nouveaux qu'elle voudrait conquérir.

L'industrie de la Grande-Bretagne, jusqu'à présent, fut sans rivale comme quantité productive et prix de revient; sous l'aile protectrice de la prohibition et de droits énormes, elle s'est developpée dans des proportions immenses, exagérées. Ses exportations suffirent longtemps pour absorber les excès de sa production ; mais depuis quelques années de grands changements se sont opérés dans l'économie commerciale des peuples; la facilité des communications a propagé l'éducation industrielle ; la mécanique a vulgarisé la science manufacturière ; des nations que l'on considérait comme devant être à jamais tributaires de la production européenne deviennent industrielles. L'Inde, l'Egypte, élèvent des manufactures. L'Amérique possède déjà 8 millions de broches à coton et 790 fabriques de laine, et il est certain que dans un délai fort restreint, elle exportera ses produits sur tous les marchés du monde. L'Angleterre, plus que toutes les autres nations, devra souffrir de ce progrès industriel.

Napoléon Ier a dit au général Montholon :

« Plus l'Angleterre développe son industrie, plus elle est obligée « d'étendre sa puissance pour protéger l'écoulement de ses produits; « plus elle devient manufacturière, plus elle se trouve entraînée à « être guerrière. Si j'avais voulu signer avec elle un traité de com- « merce qui ouvrît les portes de mes Etats aux produits de ses ma- « nufactures, elle m'aurait aidé à conquérir le monde. Bientôt les « Indes ne suffiront plus aux exigences des manufacturiers anglais, « et comme j'ai appris aux nations du continent à se passer de « l'Angleterre pour s'habiller et se procurer toutes les jouissances « du luxe, soyez sûr qu'arrivera le jour où l'Angleterre recommen- « cera la guerre à mort qu'elle m'a faite pour se rouvrir les portes « du continent. » (Em. Begin, T. V.)

Dans une autre circonstance, Napoléon Ier a dit encore :

« Ce que veulent les Anglais, c'est un traité de commerce ! mais, « plutôt que de le signer, j'aimerais mieux les voir sur les hauteurs « de Montmartre, j'aurais au moins l'honneur de les en chasser ! »

Le marché français était l'une des conquêtes commerciales les plus enviées par la Grande-Bretagne : il touchait à ses ports ; il avait de l'argent ; sa population nombreuse absorbait une quantité considérable de marchandises, et en faisant adroitement quelques sacrifices, elle pouvait concevoir l'espérance de décourager nos industriels, de faire tomber nos grandes manufactures et de prendre leur place dans la consommation qu'elles alimentent.

Ce désir caressé pendant de longues années a été enfin réalisé en 1860. La joie fut grande en Angleterre ! En témoignage de satisfaction, elle conféra à M. Cobden, le principal négociateur du traité, le titre de bourgeois de la cité de Londres, dont le diplôme, par le conseil municipal, lui fut remis dans une boîte d'or. On ajouta à cet honneur un million de francs en espèces offert par les manufacturiers. Les Français, par oubli ou pour d'autres motifs peut-être, ne se sont pas montrés aussi généreux envers les diplomates chargés de les représenter et de soutenir leurs intérêts dans cette même convention.

Il faut reconnaître cependant que quelques ports de mer ont manifesté leur reconnaissance par des illuminations, et que, tout récemment encore, la chambre de commerce de Bordeaux a déclaré : que la France n'avait jamais été aussi heureuse que depuis les traités de commerce.

Aussitôt la ratification du traité anglo-français, M. Gladstone, comparant les avantages réciproques de chacune des deux nations, se félicitait des avantages qu'en devait retirer l'Angleterre, et citant avec orgueil le chiffre de 2 milliards 375 millions assuré à son exportation, il disait : « que la Grande-Bretagne pouvait défier « toutes les tentatives de lutte, et qu'elle retirerait, de la conven- « tion nouvelle, un avantage cinq fois supérieur à celui qu'elle de- « vait procurer à la France. »

L'Angleterre, dans les illusions de son triomphe, s'était trop hâtée de chanter la victoire; elle avait négligé de tenir compte que la France ne ressemblait en rien aux nations qu'elle avait exploitées jusqu'alors, et que, sur notre marché, elle allait se trouver en présence d'une industrie forte, aussi savante et perfectionnée que la sienne, lui étant inférieure seulement par les prix de revient, mais disposée à sacrifier sa fortune et à lutter jusqu'à la dernière extrémité, avant d'abandonner ses usines et le travail national.

L'Angleterre a été abusée par les paroles de M. Gladstone, comme la France a été trompée par les promesses des échangistes.

Les étrangers importent maintenant sur notre marché toutes les marchandises qu'il peut absorber. Lorsque nos économistes, exhibant les chiffres de l'introduction, disent : il est entré en France pour 232 millions de produits fabriqués en 1867, cela est trop peu important pour nuire sérieusement à la production française ; ces allégations ne prouvent rien mathématiquement ; parce que si l'introduction étrangère est momentanément limitée à un chiffre quelconque, ce n'est pas par l'impuissance de nos concurrents d'exporter des quantités beaucoup plus considérables, c'est parce que nos marchés surchargés de produits ne peuvent laisser, en ce moment, la possibilité de placer une plus grande quantité de marchandises étrangères; mais, au fur et à mesure de l'amoindrissement de notre production, les importations augmenteront proportionnellement à la suppression de nos usines et de nos manufactures.

Ce que l'on doit considérer relativement à l'importation étrangère, c'est non-seulement la quantité introduite, mais plus encore les prix de vente, parce qu'il suffit d'un petit nombre de produits étrangers, sacrifiés à bas prix, pour établir le cours sur toutes les marchandises françaises similaires, et en compensation d'un préjudice minime supporté par nos concurrents, il faut, c'est le point important, tenir compte des pertes énormes subies par notre industrie nationale.

L'Angleterre a été déçue de ses espérances fondées sur les traités de 1860, parce que, pensant s'emparer facilement de notre marché et y trouver des débouchés considérables, elle n'a rencontré que des manufactures et des magasins surchargés de marchandises, contre lesquelles elle n'a pu lutter que par l'abaissement des prix.

L'Angleterre se plaint d'avoir été abusée par les traités de commerce. C'est sa faute ! parce qu'avant de les conclure, elle n'a pas suffisamment étudié notre organisation manufacturière et commerciale. Nos antagonistes manquent de prévoyance ; ils ne comprennent pas que pour augmenter leurs expéditions, il faut qu'ils déplacent ou anéantissent une quantité équivalente de nos manufactures et de nos usines, ainsi qu'ils ont déjà commencé à le faire pour les tulles unis, les étoffes de Roubaix, le coton, le lin et beaucoup d'autres articles encore.

Depuis les traités de 1860, 90 p. 0|0 de nos métiers à tulle uni sont supprimés ; l'Angleterre, en compensation, importe en France une quantité de marchandises équivalente à la production des métiers anéantis.

Roubaix produisait annuellement pour 80 à 100 millions de tissus mélangés. L'Angleterre en importe actuellement pour 40 à 50 millions ; et de 1866 à 1868, Roubaix pour faire place à cette concurrence, a été obligé de supprimer 14,000 ouvriers et 3,500 métiers tissant ces marchandises.

Il en est et il en sera de même, pour toutes les industries étant ou devant être atteintes par les effets des traités de commerce.

Que MM. les étrangers modèrent leurs impatiences ; c'est une question de temps ; avec de la persévérance, ils arriveront à se substituer à notre grande industrie ; à moins que notre gouvernement, appréciant enfin à leur juste valeur les dommages causés par le nouveau système d'économie commerciale, ne prenne les mesures nécessaires pour assurer à notre pays, ce qui est le plus indispensable à son avenir et à sa prospérité, *la conservation intégrale de l'industrie, du commerce et du travail national.*

CHAPITRE V.

Protection.

Ce qu'il y a de plus important et le plus délicat à traiter dans la question que j'ai pris à tâche de discuter, c'est la production des moyens propres à neutraliser les désavantages causés par les traités de commerce.

Tant qu'il ne s'est agi que de rechercher les inconvénients résultant de notre système d'échange, le travail fut peu laborieux ; les éléments étaient abondants ; ils ne présentaient que l'embarras du choix. Mais, pour indiquer un système pratique pouvant également satisfaire les consommateurs, l'industrie, le commerce, les travailleurs et la dignité du pays, cela est beaucoup plus difficile et demande une appréciation bien exacte des rapports internationaux et des exigences de notre industrie nationale.

Avant d'aborder l'examen de la question à ce point de vue, il est indispensable de poser quelques principes généraux sur lesquels devront se baser les raisonnements et les déductions que j'ai l'intention de produire :

1° La France peut-elle supprimer une partie ou la totalité de son industrie ?

2° Le système des échanges internationaux peut-il être fructueusement pratiqué par notre pays ?

Sur le premier principe, il n'existe point de moyen terme ; il faut opter entre la suppression ou la conservation intégrale.

Si le système de l'anéantissement partiel ou total devait prévaloir, il n'y a point à rechercher de tempérament, on n'a qu'à mettre le libre-échange en pratique, le résultat sera bientôt atteint.

Il me paraît complètement impossible, cependant, qu'il puisse venir à la pensée d'hommes raisonnables, l'idée de suprimer ou d'amoindrir l'industrie française produisant annuellement 2 milliards 500 millions de salaire, payant 5 à 600 millions d'impôts, occupant 11 millions 500 mille personnes, et dont le commerce emploie 1 million 500 mille individus. Une telle monstruosité ne pourrait naître que dans l'esprit malade de cerveaux détraqués par l'abus des théories erronées du libre-échange.

Il n'y a conséquemment pas lieu de s'arrêter sérieusement à l'appréciation de ce système, il est plus rationnel d'examiner la question en la basant sur la sauvegarde réelle du travail et de l'industrie nationale.

Quoique, depuis la pratique de l'échange, les puissances étrangères n'aient introduit dans notre pays rien de nouveau, de meilleur, ni de plus confortable que ce qu'il produisait précédemment; il paraît, à ce que prétendent les économistes, que la civilisation, la fraternité des peuples, les besoins des consommateurs, la concurrence étrangère comme élément modérateur des prix et stimulant du progrès, et beaucoup d'autre raisons de la même valeur, ont exigé le renversement de nos barrières protectrices, que nous ouvrions nos marchés à nos concurrents et que nous fassions des échanges avec les nations nos rivales.

Ces phrases font assez bon effet, et comme en France on se laisse volontiers séduire par l'apparence, le système échangiste, appuyé sur ce clinquant de raisonnements, a pris place dans les théories économiques du jour, et beaucoup de personnes, l'acceptant sur ses promesses, proclament, sans plus d'examen, que l'échange international est la meilleure des choses et d'une nécessité absolue pour la prospérité de notre pays.

Pour ces motifs et d'autres du même genre, l'échange étant adopté et ratifié par les traités que nous connaissons, il ne nous reste plus qu'à rechercher, dans les limites de ce système, les moyens de sauvegarde les plus efficaces.

L'échange international repose sur deux principes :

Le libre-échange ;

L'échange avec des garanties protectrices.

Le libre-échange n'est plus à discuter ; il est inapplicable à notre industrie.

L'échange protecteur se divise en trois sections bien distinctes :

1° L'échange avec protection apparente, mais insuffisante ;

2° L'échange à droits d'entrée équilibrant la valeur de la marchandise étrangère avec celle de la production indigène ;

3° L'échange avec des droits protecteurs réels.

L'échange sans protection suffisante, c'est le libre-échange déguisé.

L'échange avec des droits d'entrée équilibrant les prix ne présente aucun avantage au consommateur, parce que la marchandise étrangère ne peut lui être livrée à meilleur marché que celle de la fabrication indigène ; mais il est un grand danger pour un pays comme le nôtre, dont il diminue la production industrielle, par l'amoindrissement ou la suppression des débouchés intérieurs.

L'échange protecteur efficace grève de droits à l'entrée la marchandise étrangère, dans des proportions plus ou moins importantes et suivant les nécessités de l'époque ; c'est le moyen terme entre le libre-échange et la prohibition ; il présente l'avantage de procurer aux consommateurs les produits de tous les pays, chargés d'une

augmentation de prix insignifiante, mais suffisante cependant pour garantir le travail et l'industrie nationale.

Pour la France industrielle, en raison des motifs que j'ai développés précédemment, l'échange protecteur efficace est le seul système qui puisse lui être appliqué ; mais il faut qu'il soit exécuté franchement, loyalement ; en vertu de lois douanières précises, sérieusement digérées et faciles à mettre en pratique, afin d'éviter les erreurs, la fraude et les abus.

Le système de l'échange protecteur n'entraîne pas l'obligation des traités de commerce, au contraire, il les repousse. La protection efficace réelle, c'est le soin que met un peuple à conserver son industrie, son agriculture et toutes les institutions qu'il veut abriter contre les attaques des nations étrangères. Pour atteindre ce but, il faut qu'à chaque instant, suivant les progrès, les découvertes, les besoins et les exigences du temps, il puisse modifier ses moyens protecteurs.

Les traités de commerce, à longue échéance, sont aussi dangereux que pourraient l'être des engagements politiques conclus dans des conditions semblables.

Un pays manufacturier aliène son indépendance et sa liberté, lorsque, pour un laps de temps plus ou moins étendu, il engage son industrie par des contrats irrévocables. Dans cinquante ans, quand les économistes politiques consulteront nos archives, ils auront peine à croire qu'au milieu du XIXᵉ siècle, au moment où la science économique avait atteint un si haut degré de perfection , une nation forte, indépendante, comme la nôtre, ait pu consentir à engager la liberté de son commerce et de son industrie, en les obligeant, quelles que dussent en être les conséquences, à subir l'importation des marchandises étrangères pendant dix années consécutives ; ils supposeront une erreur de date, et qu'un acte de cette nature n'a pu se produire. qu'à des époques bien antérieures, alors que la France industrielle et commerciale était livrée au caprice despotique des jurandes et des maîtrises.

Lorsqu'il a été résolu que le système échangiste serait appliqué à notre commerce et à notre industrie, la sagesse exigeait qu'on agît avec prudence et qu'on procédât d'abord non point par des engagements à longs termes, mais par des lois douanières mobiles pouvant, en cas de péril, être modifiées ou supprimées.

Souvent les traités de commerce furent, par la force, imposés aux nations opprimées ; chez nous, il n'en a pas été ainsi ; mais les résultats n'en sont pas moins dangereux pour la France qu'ils ont rendue solidaire de la vie aventureuse et désordonnée de l'industrie anglaise, et des crises commerciales des autres peuples manufacturiers. Pour apprécier convenablement les mauvaises conséquences de cette position fâcheuse, il suffit de prendre connaissance d'une lettre écrite d'Angleterre, dans le mois d'avril 1869, et conçue ainsi :

« Les ouvriers à coton chôment, ne voulant point accepter la
« réduction de 10 p. 0|0 proposée par les maîtres qui continuent
« de travailler à perte. Ceux des manufacturiers qui ne sont point
« assez riches pour faire journellement des sacrifices, ferment
« leurs ateliers, d'autres se mettent en faillite. »

Il résulte de l'état précaire de l'industrie cotonnière anglaise, que la main-d'œuvre est en ce moment menacée d'un abaissement plus ou moins considérable.

Les tarifs des traités de commerce ayant été basés sur les prix de façon d'une époque antérieure, et le gouvernement ne pouvant modifier les droits protecteurs avant les échéances déterminées, nos manufacturiers, pour soutenir la concurrence, seront obligés de se conformer aux prix de la main-d'œuvre étrangère, ou d'abandonner à leurs rivaux l'alimentation de notre marché : telles sont les conséquences inévitables de la solidarité, nous exposant, quelle que soit la sagesse de nos industriels, à subir fatalement le contre-coup des crises commerciales, et de l'exagération de la production étrangère.

Lorsque l'Angleterre sera forcée de mettre un terme aux excès de sa fabrication, qu'elle sera obligée de supprimer une partie considérable de ses manufactures, et de pourvoir à la subsistance de sa classe ouvrière, cette révolution industrielle ne pourra s'opérer sans déchirements et sans efforts considérables dont souffriront les puissances liées avec elle par des engagements commerciaux, et principalement la France, plus exposée que toutes les autres, à cause de la proximité de son marché, de la richesse de son commerce et de l'importance de sa consommation.

Jusqu'en 1860, nous avons été garantis des cataclysmes commerciaux qui, à différentes époques, ont frappé cruellement la Grande-Bretagne, les Etats-Unis d'Amérique et les autres puissances industrielles et commerciales. Ce privilége a été dû à notre système légal protecteur : les crises légères dont notre marché a été atteint, momentanément, provenaient seulement de l'encombrement des marchandises fabriquées, occasionné par les excès de la production indigène.

La concurrence intérieure a été chez nous plus que suffisante pour provoquer le perfectionnement et l'abaissement des prix. Pendant les cinquante années qui ont précédé les traités de commerce, toutes les marchandises, sans exception, ont acquis progressivement les plus grandes améliorations de qualité et de bonne confection ; conséquemment, il n'était point nécessaire de contracter des conventions commerciales étrangères, pour stimuler notre progrès industriel.

Un orateur, le 16 mai 1868, a dit au Corps législatif :

« Lorsque le travail n'est pas productif, n'est pas utile, il ne faut « pas le protéger ; il faut le décourager. »

Si la France avait toujours suivi ce système, elle serait aujourd'hui ce qu'elle était il y a 60 ans.

L'orateur qui a prononcé ces paroles imprudentes doit être bien jeune ou connaître bien peu la question sur laquelle il a exercé son éloquence, pour ignorer que sans l'encouragement et la protection, la France ne posséderait pas l'industrie de la soie pour laquelle François Ier et Louis XIV abandonnèrent aux sériciculteurs des appartements du château de Fontainebleau et les mûriers du jardin des Tuileries ; la filature du coton importée vers la fin du dix-huitième siècle ; la filature de laine cardée, de 1809 à 1812 ; la filature de laine peignée, en 1825 ; celle du lin, inventée en 1813, par les frères Girard, et pour laquelle Napoléon Ier, qui comprenait tout autrement les intérêts de l'industrie nationale, avait promis une prime d'encouragement de un million de francs.

Si, avant de repousser l'encouragement, la conservation et le développement du travail, on s'était donné la peine de feuilleter l'histoire de l'industrie et d'apprécier le mérite des victimes plus ou moins malheureuses de l'invention et de la mise en pratique des découvertes nouvelles, on y aurait trouvé les noms de :

James Hargreaves et Arkwrigt, inventeurs de la filature de coton ;

Jacquart, dont le métier fut brûlé en place publique ;

Dallery, un Amiénois longtemps méconnu, inventeur de la chaudière tubulaire à vapeur, et de l'hélice navale dont un rival prétendit s'attribuer la découverte ;

Les frères Girard, inventeurs de la filature du lin à la mécanique, qui ne reçurent point la récompense promise ;

Godard, d'Amiens, inventeur du peignage de la laine à la mécanique, qui fit sa première machine vers 1830; un inconnu mort à la peine ;

Et tous les autres génies incompris, dont le nombre est immense, inventeurs de métiers, de machines et d'industries nouvelles, qui, découragés par l'ingratitude de leurs concitoyens, sont morts de misère, ont été forcés d'abandonner la mise à exécution de leurs découvertes, ou de les transporter à l'étranger.

Loin de décourager l'industrie en souffrance, un gouvernement sage doit au contraire lui donner son appui et l'entourer de sa plus grande sollicitude, afin de créer de la main d'œuvre nouvelle et d'affranchir le pays des importations étrangères.

On a de la peine à comprendre que du haut de la tribune, dans une assemblée française, en face d'une nation intelligente comme la nôtre, il ait pu se produire cette proposition anti-nationale, de décourager le travail insuffisant ou improductif, sans qu'au nom des travailleurs, il ne se soit élevé une protestation unanime contre une telle herésie économique.

L'Etat doit protéger toutes les industries. La lutte intérieure est suffisante pour assurer le perfectionnement de la production et l'abaissement des prix jusqu'aux limites les plus basses. Si dans le nombre des industriels, il s'en trouve qui, faute d'intelligence ou de capital, ne peuvent suivre le progrès général, le gouvernement n'a rien à voir à cela ; il lui est inutile de les décourager, la concurrence en fait justice et les retardataires sont bientôt anéantis.

L'industrie, c'est le salaire qui, répandu à milliards dans les mains de la classe ouvrière, a produit le bien-être général de notre pays.

Le travail, c'est l'honneur de l'ouvrier, la vie de la famille, la moralité et l'aisance au foyer domestique. Décourager, anéantir ou abandonner une partie du travail, c'est amoindrir d'autant la prospérité nationale, au profit des puissances étrangères.

Quel que soit le point de vue auquel on se place dans cette question, on revient toujours à la conclusion rationnelle du dilemme : la conservation du travail. C'est qu'en effet, la raison se refuse à admettre qu'il soit possible d'anéantir une certaine quantité de nos usines ou de supprimer une partie des salaires ; et l'on ne saurait trop répéter qu'à n'importe quelles conditions, il faut qu'on assure au pays la conservation réelle, positive et sans ambiguité, du travail, de l'industrie et du commerce.

La sécurité et la prospérité de l'industrie et du travail reposent sur deux principes positifs : la protection et l'encouragement.

La protection est plus ou moins efficace suivant le système légal régissant la matière. La France et l'Angleterre pendant longtemps pratiquèrent la prohibition à l'abri de laquelle elles devinrent les premières puissances manufacturières du monde. On l'a remplacée depuis quelques années par l'échange. Nous allons rechercher dans quelles conditions ce système peut être appliqué à l'industrie de notre pays.

Il faut que l'échange accepté par nous soit protecteur, et la protection efficace ; autrement dit, qu'il ne puisse occasionner la suppression ou l'amoindrissement du travail.

Pour que l'échange soit protecteur, il faut que la marchandise étrangère ne puisse jamais être introduite chez nous à des prix inférieurs ou égaux à ceux de la production indigène.

Il faut que les lois régissant la matière soient mobiles et entièrement à la discrétion de la nation, afin que suivant les fluctuations commerciales et les découvertes scientifiques, elles puissent être modifiées en raison de l'exigence des intérêts nationaux.

Il faut que les lois commerciales soient faites non-seulement au point de vue des intérêts actuels, mais en prévision des éventualités de l'avenir.

Pour être efficaces, il faut que les tarifs de douane soient rédigés et fixés par des hommes spéciaux et compétents, et que leur réglement simple et précis les garantisse de la fraude et en assure facilement la perception réelle.

Les tarifs appliqués à l'introduction étrangère, pratiqués en ce moment, ont besoin d'être revus, discutés et corrigés, en raison des besoins particuliers de chacune de nos industries.

Il serait nécessaire pour obtenir un résultat positif, incontestable, de classer notre industrie en quatre grandes catégories :

L'agriculture ;

Les manufactures et le commerce ;

La viticulture ;

La marine.

Quelles que soient la nature et l'importance des sacrifices à faire, il faut que ces éléments fondamentaux de la richesse, de la vie et de la prospérité du pays soient intégralement protégés et conservés.

Mais chacune de ses industries ayant des besoins d'aides et de protections différentes, il est impossible, par un seul et même contrat, de pourvoir à toutes leurs exigences, et de protéger et sauvegarder convenablement leurs intérêts divers.

En matière de réglementation commerciale, il ne peut être convenable de mettre en pratique le système des compensations ; c'est-à-dire, de favoriser l'une des productions au détriment des autres ; il est de la plus mauvaise économie industrielle, de sacrifier les manufactures de lin, de coton, de fer, au profit plus ou moins problématique de la viticulture ; aussi bien qu'il serait dangereux de peser sur l'agriculture, en faveur des autres catégories de la production. Une bonne administration gouvernementale ne doit jamais rien aliéner, rien sacrifier. On ne compense pas les souffrances et la ruine d'un des éléments vitaux de la nation, par les avantages procurés aux industries qui, momentanément protégées, paraissent destinées à lui survivre.

L'agriculture, l'industrie, le commerce, la viticulture et la marine, quoiqu'ayant des aspirations et des besoins d'encouragements et de protections divers, et souvent divergents, sont néanmoins solidaires et liés par des intérêts communs : la conservation du travail et du salaire, sans lesquels aucune de ces industries ne pourrait prospérer. Il est indispensable cependant qu'elles exposent séparément leurs besoins et les éléments de protection qui leur sont propres, afin qu'entre elles, il ne puisse jamais s'établir de confusion *ni d'antagonisme.*

L'agriculture étant en dehors de mes aptitudes particulières, mon intention n'a jamais été que de traiter la question industrielle et commerciale ; car je fais une très-grande distinction entre l'échange libre des matières premières et alimentaires et le libre-échange des produits fabriqués, l'introduction des matières brutes faisant abaisser les prix de revient et facilitant le travail, tandis que l'introduction des produits manufacturés occasione l'abaissement des salaires et la suppression de l'industrie. Je laisse conséquemment à l'agriculture, à la marine et à la viticulture le soin d'exposer et de défendre ce qu'elles jugeront devoir être le plus utile à leurs intérêts et à ceux du pays.

Nos traités de commerce pèchent non-seulement par le défaut d'études suffisantes des besoins de chacune des branches de l'industrie et par l'inexactitude des chiffres protecteurs, mais encore, et surtout, par le mode de la perception des droits.

Les tarifs basés sur l'*ad valorem* avec préemption sont ce qu'il y a de plus défectueux et de moins praticable en administration douanière. De tout temps, et bien avant l'époque des traités de commerce, ce système a singulièrement aidé la fraude, par la facilité offerte aux fausses déclarations.

Le premier acte du gouvernement, après celui de la fixation raisonnable des droits protecteurs, doit être de supprimer la préemption, parce qu'en cas de déclarations frauduleuses, l'Etat ne peut et ne doit jamais être obligé de s'appliquer des marchandises étrangères, de les payer, et de les revendre en concurrence avec les

produits français : une telle opération porte en elle-même la con-
damnation de son principe et indique suffisamment, par ses conséquence et les difficultés de son exécution, jusqu'à quel point les
introducteurs peuvent fausser leurs déclarations, avant que la
douane s'expose au risque d'assumer sur elle les charges de la préemption. Aussi, la Chambre de commerce d'Amiens a-t-elle pu
constater, que des déclarations à la douane française ont été
faites jusqu'à 50 0/0 au-dessous de la valeur réelle.

Dans le cas où le système de la fixation des droits *ad valorem*
serait néanmoins conservé, la préemption devrait être remplacée
par une augmentation progressive du droit d'entrée. Par exemple,
lorsque la déclaration serait inférieure :

De 10 p. 0/0 à la valeur réelle, il y aurait double droit ;

De 20 p. 0/0 à la valeur réelle, il y aurait quadruple droit :

De 30 p. 0/0 à la valeur réelle, il y aurait confiscation et vente
de la marchandise à l'encan au profit du Trésor.

L'Etat doit sévir contre la fraude, assurer l'exécution des traités et des lois douanières ; mais, en aucune circonstance, il ne
peut être acheteur et revendeur de la marchandise étrangère.

Pour que la protection soit réellement efficace, il faut que les
droits et la manière de les percevoir soient discutés en présence
des parties intéressées ; il faut, par la combinaison de ces droits,
que la marchandise étrangère ne puisse être vendue en France au-
dessous des prix de revient de la production indigène ; et il faut
que le système de la perception à l'entrée, soit à l'abri de toute
espèce de fraude.

Voilà à peu près quels sont les principaux éléments de la protection efficace.

Il reste maintenant à examiner la question au point de vue de
l'encouragement.

CHAPITRE VI.

ENCOURAGEMENT.

Conclusion.

Le gouvernement anglais encourage l'industrie et le commerce, en leur assurant des débouchés par la possession de ses colonies et les conquêtes de marchés étrangers ; il facilite leur exploitation par les transports à bon marché ; il garantit les manufactures par des lois conservatrices, et la nation récompense princièrement les hommes qui lui procurent des placements nouveaux.

La France ne nous assure pas les mêmes avantages ; ses colonies sont insignifiantes relativement à l'exportation industrielle ; il n'y a plus de conquêtes commerciales à tenter, et les prix des transports par terre et par mer sont difficilement modifiables. Conséquemment, les encouragements à donner à notre industrie ne peuvent être de la même nature que ceux de la Grande-Bretagne, dont nous ne devons accepter et pratiquer le système économique commercial, qu'avec la plus grande réserve et après les plus sérieux examens.

L'encouragement industriel en France, jusqu'en 1860, s'est borné seulement à la prohibition assurant la conservation de notre marché intérieur, et aux drawbacks facilitant l'exportation à l'étranger.

La comparaison des encouragements procurés par la France et l'Angleterre, n'est pas à l'avantage de notre pays ; néanmoins, la persistance et le génie national sont parvenus à créer notre grande industrie manufacturière.

L'encouragement et la protection, par les contrats internationaux, exigent la réciprocité : c'est-à-dire l'égalité.

Il est de la plus dangereuse et de la plus grande imprudence, pour un pays industriel, de conclure des traités commerciaux avec les nations rivales, lorsque la réciprocité des échanges est impossible ou trop difficile à établir.

La réciprocité, je l'ai écrit le 26 Juillet 1860, dans le *Mémorial d'Amiens*, c'est la facilité, pour les puissances contractantes, d'importer les unes chez les autres des produits similaires dans les mêmes conditions. Par exemple : si une marchandise coûte 10 p. 0/0 meilleur marché à l'étranger que chez nous, un droit de 10 p. 0/0 frappé à l'entrée, n'est pas suffisant pour établir la réciprocité ; il crée seulement l'équilibre des prix et provoque la concurrence au profit de l'étranger, sans compensation pour notre industrie nationale. Par ce système, nos concurrents peuvent vendre, sur notre marché, leurs produits aux mêmes prix que les nôtres ; tandis que si nous transportons chez eux ou sur les marchés neutres des marchandises similaires, nous ne pouvons les offrir qu'à 10 p. 0ı0 de différence au-dessus des cours de nos rivaux.

Pour établir équitablement la réciprocité et l'égalité, nos marchandises ne pouvant être offertes aux étrangers qu'à 5 ou 10 p. 0ı0 au-dessus des leurs, il faudrait, cela est de toute justice, que les produits de nos concurrents ne pussent se présenter également sur notre marché, qu'à 5 ou 10 p. 0ı0 au-dessus de nos cours. Cette différence, suffisante pour garantir complètement l'industrie étrangère, devrait, rationnellement, être appliquée à la conservation de l'industrie française ; à moins, et c'est la position qui nous est faite en ce moment, que nous ne consentions à abandonner à nos rivaux l'alimentation de nos consommateurs, sans que, par réciprocité, nous puissions transporter, aux mêmes conditions, chez eux, les marchandises de notre fabrication similaire.

Il faut donc, pour établir la réciprocité et l'égalité vraies, lorsqu'il y a 10 0/0 d'écart, que le droit d'entrée soit élevé à 20 0ı0, afin que chacun des producteurs ne puisse se présenter chez ses concurrents, qu'avec le même désavantage d'une surcote égale de 10 0ı0.

Cette mesure de la réciprocité pourrait être considérée comme un acte d'encouragement. Mais l'encouragement véritable, ce sont les avantages directs venant en aide à la fabrication et à l'exportation nationales, tels que :

Des colonies comme celle de l'Angleterre ;

Le système économique commercial pratiqué jusqu'en 1860 ;

Les drawbacks français jusqu'à la même époque ;

Les primes exceptionnelles accordées à la sortie de nos marchandises en 1848-1849. Le gouvernement d'alors, pour mettre un terme aux souffrances du travail et des manufactures, ne songea pas à faciliter l'introduction des marchandises fabriquées étrangères; au contraire, il provoqua l'écoulement de nos trop pleins par l'exportation, en augmentant les primes à la sortie. Cette mesure rationnelle obtint tous les résultats désirés ; nos manufactures et nos magasins se désencombrèrent, et c'est à partir de cette époque que commença cette magnifique période de commerce et d'industrie qui se prolongea sans entrave jusqu'en 1860.

A défaut de colonies garanties par des droits protecteurs, le rétablissement des drawbacks serait un des systèmes les plus efficaces à mettre en pratique, pour l'encouragement de l'industrie. Si le gouvernement rendait au commerce français, lors de l'exportation, une partie de ce qu'il perçoit sur l'introduction des marchandises, ainsi qu'on l'a fait jusqu'en 1860, cela permettrait à nos manufacturiers de transporter au dehors les produits invendus, de lutter à prix égal avec nos concurrents, sur les marchés d'exportation, et compenserait, en partie, les pertes qu'ils sont obligés de subir par les importations étrangères.

Le gouvernement ne devrait pas hésiter à pratiquer ce système, parce que les traités de commerce n'ont pas été conclus pour créer de nouveaux revenus ; il a été compris, par le pays, que les droits sur les produits étrangers devaient être considérés seulement comme une garantie protectrice du travail, et non comme une source d'impôts dont les conséquences auraient pour résultat direct de peser sur l'industrie nationale.

Le rétablissement du drawback provoquerait certainement l'examen de la question au point de vue de la limitation du chiffre des primes à la sortie, qui, raisonnablement, ne pourrait être supérieur à celui perçu sur les importations; mais alors, une question beaucoup plus grave, celle de la limitation de l'introduction des marchandises étrangères, devrait être examinée et sanctionnée par le pays qui déciderait si, sans danger pour l'industrie et le commerce français, on peut sans frein, sans limite, laisser entrer toutes les marchandises étrangères, et obliger nos industries, comme celle du tulle uni, par exemple, à subir une importation équivalente à 90 p. 0⎡0 de sa production ; celle des tissus mélangés de Roubaix qui, en 1868, a supporté une introduction de 50 p. 0⎡0; ainsi que beaucoup d'autres importations plus ou moins considérables, mais trop exagérées relativement à la production et à la consommation françaises.

Il serait de la plus mauvaise économie commerciale, que nos manufacturiers et nos ouvriers fussent exposés sans cesse aux éventualités des importations sans limite, provoquées par les encombrements et les fluctuations financières excitant nos concurrents à jeter sur notre marché leurs trop-pleins, qu'ils y vendent à tout prix, afin de se faire des ressources pour entretenir et conserver, à nos dépens, l'existence de leurs travailleurs et de leurs manufactures.

Ce que nous demandons, ce n'est point la prohibition, c'est la sauvegarde et la conservation de notre industrie, par la réglementation rationnelle des tarifs douaniers et de l'introduction.

La limitation de l'introduction a sa raison d'être suivant la position géographique et les exigences de l'industrie nationale. L'Angleterre produisant à meilleur marché que les autres nations et ayant des colonies assurées pour l'écoulement de la plus grande partie de ses produits, n'est pas dans la nécessité absolue de se préoccuper de l'importation des marchandises étrangères, ne pouvant être présentées sur son marché qu'à des prix supérieurs à ceux de la production indigène. Mais la France manufacturière, au contraire, n'ayant point de colonies, ne produisant pas dans les mêmes conditions, ne possédant sérieusement que son marché intérieur, ne pourrait pratiquer un semblable système, sans courir le risque de perdre la majeure partie ou la totalité de ses fabriques et de son industrie.

La délimitation de l'introduction des produits étrangers est un des points les plus dangereux des traités internationaux, et celui qui exige les études les plus approfondies par les hommes spéciaux, habitués à la pratique des affaires industrielles et internationales.

Le système de la limitation des introductions étrangères n'est pas nouveau ; il a déjà été pratiqué, et il a produit les meilleurs résultats, notamment, lors de la création de nos filatures de lin.

Par toutes les considérations que je viens d'exposer, il résulte incontestablement, que pour la conservation de notre industrie et du travail national, il n'existe que deux systèmes pratiques : l'abaissement de nos prix de revient au-dessous de ceux de nos concurrents, ou l'élévation par un moyen quelconque du prix des produits étrangers, lors de leur présentation sur nos marchés intérieurs.

L'abaissement des prix de revient étant impossible, il nous reste seulement pour toute garantie, la protection et l'encouragement.

Pour la protection efficace, il faut :

Réviser les tarifs et percevoir les droits d'entrée réels ;

Supprimer la fraude ;

Supprimer, autant que possible, la tarification *ad valorem* ;

Supprimer la préemption et la remplacer par des droits progressifs ;

Supprimer les admissions temporaires, ou réviser leur réglementation ;

Faire élever, par des tarifs, les prix des marchandises étrangères au-dessus de ceux de la production française.

Remplacer les traités de commerce à temps limité, par des lois douanières mobiles et modifiables ;

Pour provoquer l'encouragement il faudrait :

Etablir l'égalité et la réciprocité suivant les principes que j'ai indiqués ;

Verser en drawbacks, à notre industrie, une partie des droits perçus sur l'entrée des produits étrangers, afin d'encourager et de faciliter les exportations, ainsi que cela a été pratiqué jusqu'en 1860 ;

Limiter la quantité des importations étrangères.

Si tout cela nous est accordé, l'industrie française sera protégée et encouragée. Mais, dans le cas où le Gouvernement ne parviendrait pas à éviter la fraude et à délimiter l'introduction étrangère, nous serions toujours exposés aux importations désespérées pouvant se produire à l'occasion des crises et des cataclysmes commerciaux.

J'ai écrit en 1860 : « Dans les moments de crise commerciale, « lorsque nos concurrents auront besoin d'argent à tout prix, on « peut être assuré, quels que soient nos droits protecteurs, qu'ils « jetteront sur notre marché des quantités innombrables de mar- « chandises. » Et l'un de nos adversaires, entraîné par la logique de ce même raisonnement, disait à la tribune du Corps législatif, le 16 mai 1868 : « Quand l'Angleterre veut absolument se débar- « rasser d'un surplus de produits, vous aurez beau les imposer, « *vous ne parviendrez pas à les exclure de vos marchés. Au rehaus-* « *sement du tarif, on répondra par des abaissements du prix.* »

Cela est bien toute la vérité ; nos marchés étant ouverts à la concurrence étrangère, quelles que soient les conditions rigoureuses qui lui seront imposées, elle pourra les subir ou les enfreindre, et rien dorénavant, par la pratique du système de l'échange plus ou moins protecteur, ne saurait assurer complètement la sécurité et garantir la conservation intégrale de notre industrie et de notre travail national.

A. ROGER, Négociant,

Ancien Président du Comité des fils et tissus, à la Société industrielle d'Amiens.

Amiens, 1869.

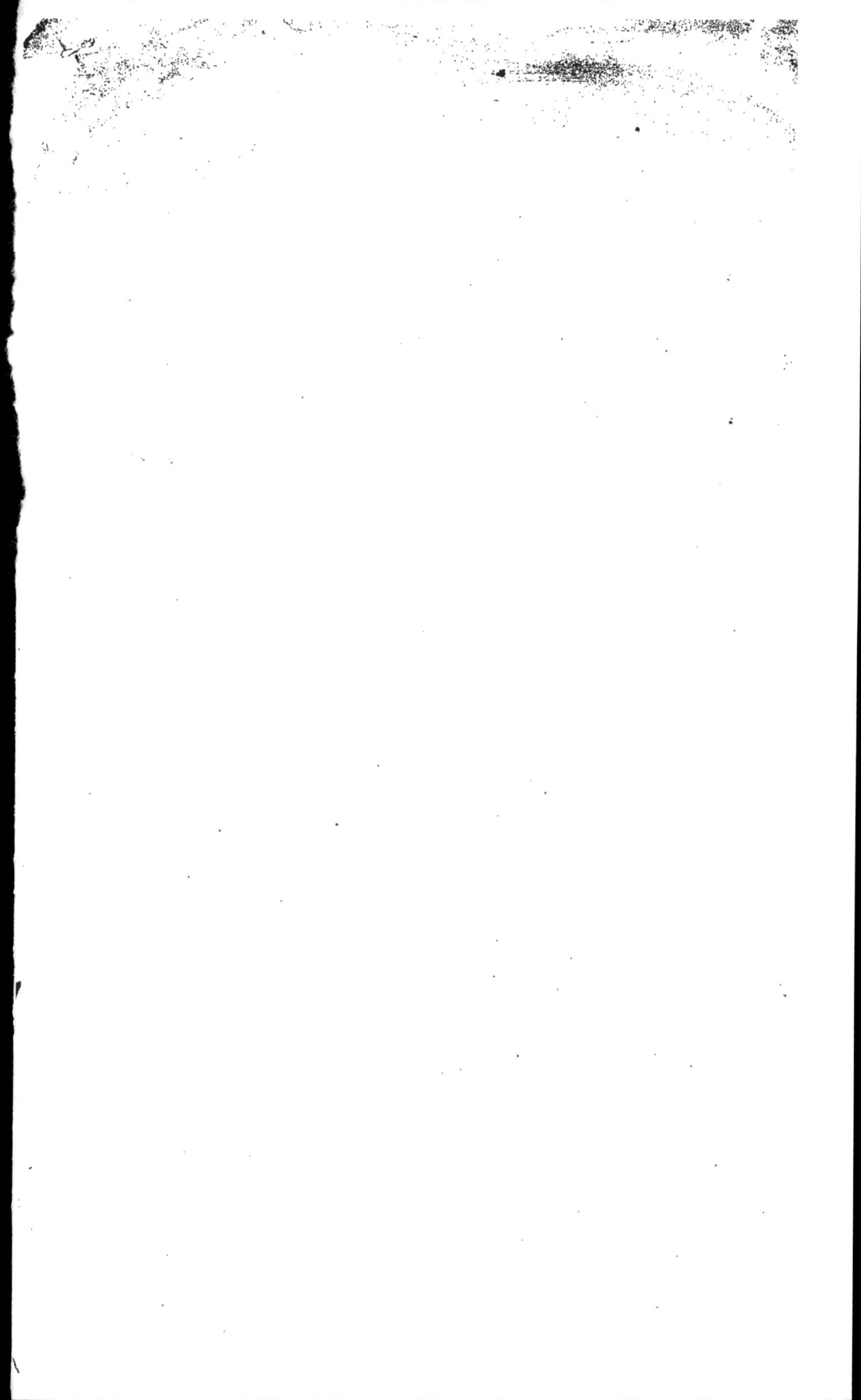

www.ingramcontent.com/pod-product-compliance
Lightning Source LLC
Chambersburg PA
CBHW032313210326
41520CB00047B/3084